Rourke™

¡Los animales también tienen clases!

Peces

Christa C. Hogan y Santiago Ochoa

Antes, durante y después de las actividades de lectura

Antes de la lectura: Desarrollo del conocimiento del contexto y del vocabulario académico

Las estrategias «Antes de leer» activan los conocimientos previos y establecen un propósito para la lectura. Antes de leer un libro, es importante utilizar lo que ya saben los niños acerca del tema. Esto los ayudará a desarrollar su vocabulario y a mejorar su comprensión lectora.

Preguntas y actividades para desarrollar el conocimiento del contexto:
1. *Mira la portada del libro. ¿De qué crees que trata este libro?*
2. *¿Qué sabes de este tema?*
3. *Estudiemos el índice. ¿Qué aprenderás en los capítulos del libro?*
4. *¿Qué te gustaría aprender sobre este tema? ¿Crees que podrías aprenderlo en este libro? ¿Por qué sí o por qué no?*

Desarrollo del vocabulario académico

El desarrollo del vocabulario académico es fundamental para comprender el contenido de las asignaturas. Ayude a su hijo o a sus alumnos a entender el significado de las siguientes palabras del vocabulario.
Vocabulario de contenido por área
Lee la lista de palabras. ¿Qué significa cada palabra?

- asemejan
- cartílago
- desovan
- especies
- evolucionaron
- filo
- parásitos
- venenoso

Durante la lectura: Componente de escritura

Las estrategias «Durante la lectura» ayudan a establecer conexiones, a monitorear la comprensión, a generar preguntas y a mantener la concentración.
1. *Mientras lees, escribe en tu diario de lectura cualquier pregunta que tengas o cualquier cosa que no entiendas.*
2. *Después de completar cada capítulo, escribe un resumen de este en tu diario de lectura.*
3. *Mientras lees, establece conexiones con el texto y escríbelas en tu diario de lectura.*
   a) *Texto para sí mismo: ¿Qué me recuerda esto en mi vida? ¿Cuáles fueron mis sentimientos cuando leí esto?*
   b) *Texto a texto: ¿Qué me recuerda esto de otro libro que haya leído? ¿En qué se diferencia de otros libros que he leído?*
   c) *Texto al mundo: ¿Qué me recuerda esto del mundo real? ¿He oído hablar de esto antes? (noticias, actualidad, escuela, etc...).*

Después de la lectura: Comprensión y actividad de extensión

Las estrategias «Después de la lectura» ofrecen la oportunidad de resumir, preguntar, reflexionar, discutir y responder al texto. Después de leer el libro, trabaje con su hijo o sus alumnos las siguientes preguntas para comprobar su nivel de comprensión lectora y su dominio del contenido.
1. ¿Cuáles son las tres clases de peces? *(Resume)*.
2. ¿Qué tipo de ventajas puede ofrecer el cartílago a los tiburones y las rayas respecto a los peces con huesos? *(Infiere)*.
3. ¿En qué se parecen la lamprea y el salmón? ¿En qué se diferencian? *(Responde las preguntas)*.
4. Si tuvieras que crear una nueva forma de clasificar a los peces, ¿cuáles reglas utilizarías? *(Conexión texto para sí mismo)*.

Actividad de extensión
Recorta fotos de peces en revistas. Clasifícalos por grupos. ¿Qué tienen en común las fotos de cada grupo? ¿En qué se diferencian?

Índice

mantarraya de aguijón

¡Clasifiquemos!

La Tierra alberga muchas **especies** de seres vivos. Los científicos las agrupan por rasgos comunes. Esto se llama clasificación. La clasificación ayuda a los científicos a entender cómo se relacionan las especies.

Grupos de animales

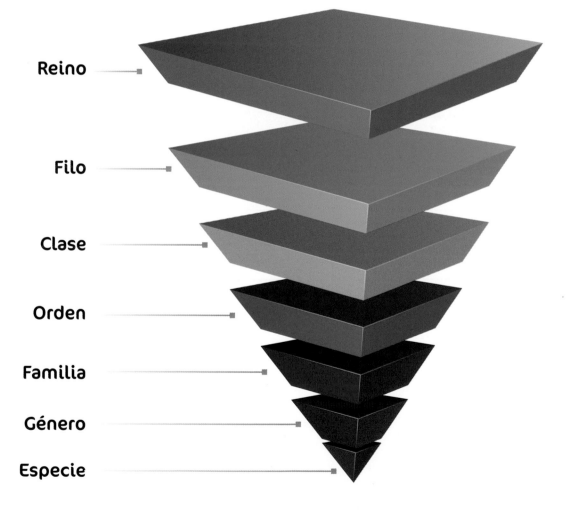

Reino

Filo

Clase

Orden

Familia

Género

Especie

Todas las especies se dividen en seis reinos. Cada reino se divide en grupos más pequeños.

Los visitantes del acuario pueden ver una gran variedad de peces de agua salada, incluyendo tiburones y rayas.

Los científicos dividen el reino animal en dos filos: vertebrados e invertebrados. Los vertebrados tienen columna vertebral. Los invertebrados no. Los peces están en el **filo** de los vertebrados.

Los filos se dividen en grupos más pequeños llamados clases. Hay tres clases de peces: peces óseos, peces sin mandíbula y tiburones y rayas. Cada clase se divide en órdenes, familias, géneros y especies.

La boca de una raya es muy adecuada para excavar en la arena en busca de alimento.

Los tiburones cebra jóvenes tienen el cuerpo oscuro con rayas amarillentas. De adultos, se parecen más a los leopardos, con la piel bronceada y pequeñas manchas oscuras.

La primera clasificación

Carlos Linneo utilizó por primera vez las clasificaciones en 1753. Los científicos han clasificado ya 1.2 millones de especies. ¡Creen que aún quedan más de 8 millones de especies por descubrir!

Clases de peces

Los científicos clasifican a los animales en la clase de los peces cuando comparten algunos rasgos comunes. Los peces tienen escamas. Utilizan branquias para respirar bajo el agua. Tienen aletas que les ayudan a moverse. Todos los peces son de sangre fría. Sus cuerpos tienen la misma temperatura que el agua.

aleta dorsal

aleta caudal

escamas

agalla

aleta anal

aleta pélvica

Los peces pasan agua por las branquias para eliminar el oxígeno. Esto les ayuda a respirar. Las aletas ayudan a los peces a desplazarse por el agua.

Hábitats de los peces

Los peces viven en agua salada, en agua dulce o en una mezcla de ambas. El agua que es a la vez salada y dulce se llama salobre. El agua salobre está allí donde el agua dulce, como un río, se encuentra con el océano.

Los peces en cada clase más pequeña también comparten rasgos comunes. Estos grupos ayudan a los científicos a organizar nuevas especies.

Los científicos han descubierto más de 29 000 especies de peces.

Peces óseos

Los peces óseos tienen huesos duros. Su piel está formada por muchas escamas superpuestas. Los peces óseos viven en hábitats de agua dulce o salada. Los peces óseos también **desovan** en el agua.

Un salmón pone entre mil y diez mil huevos.

¡Muchos peces!

Más de 26 000 especies pertenecen a la clase de peces óseos. ¡Las especies de peces óseos representan más de la mitad de todos los vertebrados conocidos!

El salmón es un pez óseo. Nace en corrientes de agua dulce y vive su vida adulta en el océano. Regresa a su lugar de nacimiento para poner huevos.

Los peces Napoleón también son peces óseos. Estos gigantes miden 7 pies (2 metros) de largo y pesan 420 libras (190 kilos). Si el macho abandona el banco, la hembra más grande se convierte en macho.

Los peces Napoleón son conocidos como «elefantes del arrecife de coral». Los peces que cambian de sexo, como los peces loro, se llaman hermafroditas.

Peces sin mandíbula

Los peces sin mandíbula son dinosaurios vivos. Los científicos han descubierto fósiles de peces sin mandíbula de hace 500 millones de años. Entonces abundaban los peces sin mandíbula. Ahora solo quedan lampreas y mixinos.

Los peces sin mandíbula fueron los primeros en aparecer en los registros fósiles.

Los peces sin mandíbula se **asemejan** a las anguilas. Tienen cuerpos largos y delgados sin aletas, escamas ni mandíbulas. Tienen bocas en forma de ventosa con círculos de dientes.

Esta lamprea de mar utiliza sus dientes para alimentarse de otros peces, como los tiburones.

Cazando por el olor

Algunos peces sin mandíbula, como el mixino, carecen de ojos potentes. Utilizan su sentido del olfato para cazar.

Las lampreas no han cambiado mucho en más de 340 millones de años. La mayoría de las lampreas son **parásitos**. Se enganchan a otros peces y se alimentan de su sangre y sus tejidos. El pez huésped suele morir por las heridas.

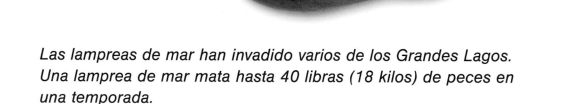

Las lampreas de mar han invadido varios de los Grandes Lagos. Una lamprea de mar mata hasta 40 libras (18 kilos) de peces en una temporada.

Los mixinos utilizan sus lenguas dentadas para comer peces muertos y heridos. También se les conoce como peces babosos.

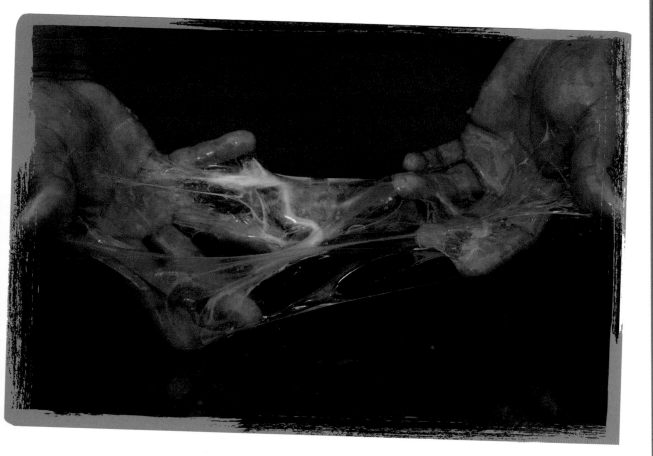

Los mixinos producen baba que les ayuda a escapar de los depredadores durante un ataque.

Chupadores de baba

La baba ayuda al mixino a excavar dentro de los peces heridos. El mixino se come al pez de adentro hacia afuera.

Tiburones y rayas

Los tiburones **evolucionaron** hace 420 millones de años. Actualmente se conocen más de 440 especies de tiburones. Los tiburones son peces, pero tienen una piel rugosa en lugar de escamas. Sus huesos están hechos de **cartílago** flexible y ligero.

Las rayas tienen cuerpos anchos y planos con alas. Para nadar, baten las alas en un movimiento de vuelo como las aves. También tienen colas largas y finas. Algunas rayas tienen púas venenosas en la cola, mientras que otras no las tienen.

Los grandes tiburones blancos pueden llegar a medir hasta 20 pies (6 metros) y pesar 2.5 toneladas (1800 kilogramos).

bolsa de sirena

Sirenas reales

No todas las rayas son iguales: algunas producen crías vivas, otras ponen huevos o «bolsas de sirena».

Los tiburones y las rayas utilizan la electrorrecepción para cazar. Detectan los campos bioeléctricos de los sistemas nerviosos de sus presas.

Los tiburones ballena pueden vivir 130 años y crecer hasta 60 pies (18 metros) de largo. Eso es tres veces más grande que un tiburón blanco. Sin embargo, los tiburones ballena son gigantes amables. Se alimentan de plancton y peces pequeños.

Los tiburones ballena nadan con la boca abierta para recoger plancton, camarones y krill.

La tímida raya de cola de cinta con manchas azules solo utiliza su cola con púas para defenderse cuando se ve amenazada.

Las rayas de arrecife tienen buenas defensas contra los depredadores. Sus colas con púas tienen un aguijón **venenoso**. También evitan a los depredadores escondiéndose en el fondo arenoso del océano.

Los científicos descubren miles de nuevas especies cada año. Como los hábitats submarinos han sido difíciles de estudiar en el pasado, muchas de estas nuevas especies son peces.

En 2017, los investigadores descubrieron una gran raya de agua dulce. El *Potamotrygon rex* mide 43 pulgadas (109 centímetros) de largo. Pesa 44 libras (20 kilogramos). Los científicos también encontraron un nuevo pez caracol que vive en la parte más profunda de los océanos del mundo.

Un científico utiliza un batiscopio para observar la vida en las orillas del mar Báltico.

Los científicos siguen aprendiendo más sobre los peces. La clasificación les ayuda a entender qué lugar ocupan los nuevos peces en el reino animal.

ACTIVIDAD

Alimentación de los peces

Los peces tienen muchas maneras de buscar comida. Algunos peces utilizan la ecolocalización. Utilizan el sonido para localizar la comida. Pon a prueba tus habilidades de ecolocalización con una versión piscícola de «Marco Polo».

¿Qué necesitas?

venda para los ojos
dos o más jugadores

Instrucciones

1. Una persona con los ojos vendados actúa como el «pez». Todos los demás jugadores son «comida».

2. Cuando el pez dice «pez», todos los jugadores responden «comida». El pez debe usar solo su oído para capturar alimentos.

3. El primer alimento capturado se convierte en el siguiente pez.

Glosario

asemejan: Que son similares a algo o a alguien.

cartílago: Tejido fuerte y elástico que forma el oído externo y la nariz de los seres humanos y los mamíferos, y que recubre los huesos en las articulaciones.

desovan: Que producen un gran número de huevos y los sueltan.

especies: Grupos de seres vivos del mismo tipo con el mismo nombre.

evolucionaron: Que cambiaron lenta y naturalmente con el tiempo.

filo: Grupo de plantas o animales emparentados que es mayor que una clase pero menor que un reino.

parásitos: Animales o plantas que viven sobre o dentro de otro animal o planta.

venenoso: Que contiene veneno, como en las mordeduras de algunas serpientes y arañas.

pez sierra

Índice alfabético

Demuestra lo que sabes

1. ¿Cómo ayuda a los científicos la clasificación?

2. ¿Cuál es la diferencia entre un tiburón y una raya? ¿Qué tienen en común?

3. Nombra tres características físicas que ayudan a los científicos a identificar a los peces.

4. ¿A qué peces se les conoce como «dinosaurios vivientes»?

5. ¿Cuántas especies de peces han sido descubiertas

Lecturas adicionales (en inglés)

Fretland VanVoorst, Jennifer, *Animal Claseification*, Abdo, 2014.

Royston, Angela, *Fish*, Heinemann, 2015.

Sanchez, Anita, and Stock, Catherine, *Karl, Get Out of the Garden!: Carolus Linnaeus and the Naming of Everything*, Charlesbridge, 2017.

Acerca de la autora

Christa C. Hogan es autora y buceadora certificada PADI. Creció viendo a Jaques Cousteau en la televisión. Su experiencia de buceo favorita fue ver un pequeño pulpo en Costa Rica. Sueña con bucear algún día con un tiburón ballena. Por ahora, le alegra escribir sobre ellos. También le gustan los narvales y los cefalópodos.

www.rourkebooks.com

PHOTO CREDITS: Cover and Title Pg ©LeventKonuk; BOrden ©cinoby; Pg 3 ©aon168; Pg 4 ©lvcandy; Pg 5 ©themacx; Pg 6 ©JovanaMilanko, ©jeffhochstrasser; Pg 7 ©Placebo365; Pg 8 ©7activestudio; Pg 9 ©Rainer von Brandis; Pg 10 ©arctic-tern; Pg 11 ©flyingrussian;Pg 12 ©imagoRB; Pg 13 ©PEDRE; Pg 14 ©Arsty; Pg 15 ©ffennema; Pg 16 ©LeicaFoto; Pg 17 ©Nigel_Wallace; Pg 18 ©WhitcombeRD; Pg 19 ©neosummer; Pg 20 ©MaslennikovUppsala; Pg 21 ©eliflamra; Pg 22 ©inguaribile

Editado por: Laura Malay
Diseño de la tapa e interior: Kathy Walsh
Traducción: Santiago Ochoa

Library of Congress PCN Data

Peces / Christa C. Hogan
(¡Los animales también tienen clases!)
  ISBN 978-1-73165-457-1 (hard cover)
  ISBN 978-1-73165-508-0 (soft cover)
  ISBN 978-1-73165-541-7 (e-book)
  ISBN 978-1-73165-574-5 (e-pub)
Library of Congress Control Number: 2022940989

Rourke Educational Media
Printed in the United States of America
01-0372311937